Versos sobre Gaviotas

Juan Moisés de la Serna

Editorial Tektime

2019

Prólogo

Una gaviota bella
sobre la arena dormía
tranquila estaba ella
toda la playa vacía.

El viento golpeaba fuerte
a ella no le importaba
a gusto allí en la arena
aquella tarde estaba.

Cruzando la carretera
una casa allí había
y en lo alto del tejado
un gato lo recorría.

Luchando contra el viento
el gato se encontraba
cuando descubrió aquello
que en la arena estaba.

Muy quietecita allí
la gaviota dormía
el gato se acercaba
por esa playa vacía.

AMOR

Dedicado a mis padres

Contenido

1. LA GAVIOTA Y EL GATO

Una gaviota bella
sobre la arena dormía
tranquila estaba ella
toda la playa vacía.

El viento golpeaba fuerte
a ella no le importaba
a gusto allí en la arena
aquella tarde estaba.

Cruzando la carretera
una casa allí había
y en lo alto del tejado
un gato lo recorría.

Luchando contra el viento
el gato se encontraba
cuando descubrió aquello
que en la arena estaba.

Muy quietecita allí
la gaviota dormía
el gato se acercaba
por esa playa vacía.

Cuando estaba llegando
el fuerte viento sopló
y la arena levantando
sobre el gato calló.

En los ojos se metía
la arena en ese instante
cuando el gato pretendía
comerse al habitante.

Con las zarpas preparadas
el gato ya se encontraba
la arena que le cegaba
y mucha rabia le entraba.

—Tonta arena, ¿qué has hecho?
Esto el gato gritó
despertó a la gaviota
de ésta forma se salvó.

Pues al ver allí al gato
pronto emprendió el vuelo
no sabía que la arena
y el viento la protegieron.

El gato está allí abajo
él no puede aún ver bien
la gaviota volando
aun se acuerda de él.

De lo cerca que tenía
el gato al despertar
y del peligro que hay
si se vuelve a posar.

Vuela hacia el horizonte
no sabe a dónde va
pero allí sobre las aguas
algo ella encontrará.

Un tronco ve flotando
muy solitario está
se dirige hacia él
y en él se posará.

Al tronco le mueve el agua
el tronco se balancea
la gaviota tranquila
dormidita que se queda.

Al rato con ese viento
el tronco embarrancó
en la playa solitaria
donde el gato quedó.

Desde lejos lo ha visto
pues aún está allí
se quedó en aquel sitio
y al tronco vio venir.

De los ojos ya la arena
hace rato que salió
y se queda muy tranquilo
cuando la escena vio.

No quiere a la gaviota
recuerda lo que pasó
pues el viento la defiende
y la arena se alió.

La deja dormir tranquila
no la va a molestar
él se da la media vuelta
y se dispone a marchar.

La gaviota despierta
y al gato ve allí
un susto se lleva ella
pero escucha decir.

—Tranquila no te haré nada
aquí podrás descansar
en ésta playa vacía
tú te la puedes quedar.

»Yo me marcho a mi casa
aquí no puedo estar
este aire y la arena
sólo saben molestar.

La gaviota extrañada
pues no sabe qué pasó
del gato no entiende nada
pero el gato se marchó.

Ella se queda en la playa
toda se encuentra vacía
se acuesta allí en la arena
y así se pasa el día.

El viento sopla con fuerza
y sus plumas moverá
así no tendrá calor
y muy a gusto estará.

AMOR

2. MI AMIGA LA GAVIOTA

Una mañana temprano
a la salida del sol
fui a pasear a la playa
allí me la encontré yo.

Andando sobre la arena
con atención contemplé
a lo lejos se movía,
y allí yo la miré.

Raro era su caminar
despacito me acerqué
no quería molestar
y así se lo indiqué.

—Gaviota pequeñita
no te quiero asustar
¿qué tienes en la patita?
te lo quiero yo curar.

»¿Qué te pasa mi pequeña?
déjame que te lo vea
yo te curaré la herida
o te quito lo que sea.

La patita está torcida
eso al pronto observé
pero me fijo despacio
y un pincho se la ve.

Con cuidado se lo quito
y un besito allí di
y ella moviendo su pico
—¡Gracias! —parece que oí.

No puede ser cierto aquello
sé que no puede hablar
pero me quedo en silencio
y la vuelvo a escuchar.

—Gracias por lo que ha hecho
no te extrañes si me escuchas
todos podemos hablar
no sólo yo sino muchas.

Miro por todos los lados
a nadie yo encontré
dudaba de aquel hecho
pero yo sí escuché.

Creí que era una broma
que alguien allí me hacía
pero no había nadie
la playa estaba vacía.

La gaviota chiquita
quietecita a mi lado
y yo muy asombrada
de lo allí escuchado.

A mí eso me pasó
y yo con ella hablé
volando sobre la playa
otro día la encontré.

Con ella hablo a diario
tú también puedes hacer
hablar con las gaviotas
y mostrarlas tu querer.

Ellas son buenas amigas
y te querrán contestar
y contarte muchas cosas
allí cerquita del mar.

Ellas vuelan por lugares
que tú no conocerás
y te contarán mil cosas
y así tú las sabrás.

AMOR

3. LA FOQUITA MAL HUMORADA

Una foquita despierta
está saliendo el sol
corre a meterse en el agua
una ola la mojó.

Se enfada con esa ola
y se pone a protestar
—¿Y por qué me has mojado?
¡Mala!, te vas a enterar".

El sol que ha visto todo
le dice a la foquita
—Mientras estas enfadada
se te tuerce la boquita.

»La ola sólo quería
jugar contigo un poquito
ella para acá venía
dándote un chapuzoncito.

La foquita con la ola
va y viene sin parar
aún está enfadada
no quiere con ella hablar.

De pronto una más grande
a la foquita tiró
y la arrastró a la arena
y allí que la dejó.

La foca muy enfadada
dijo —No me meto hoy
ese agua no me quiere
y ahora mismo me voy.

Una gaviota triste
estaba en el lugar
la foquita que la vio
se le acercó a preguntar.

—Gaviota ¿qué te pasa?
pues muy triste se te ve?
—Nadie quiere ser mi amiga
y sola siempre estaré.

La foquita enseguida
a la gaviota dijo
—Si quieres juega conmigo
soy tu amiga eso es fijo.

La gaviota contenta
pues ya sola no está
la dice a la foquita
—Bien pues vamos a jugar.

»Corramos hacia el mar
y juguemos con las olas.
La foquita la contesta
—No, ahí te vas tú sola.

»Las olas me han tirado
me han arrastrado hasta aquí
yo no las había hecho nada
son malas que yo lo vi.

La gaviota paciente
a la foquita explicó
—Si eso no hubiera pasado
no te conocería yo.

Desde lejos se escuchaba
a una ola llamar
—¡Eh!, foquita, gaviota
venir corriendo a jugar.

Las dos se meten corriendo
las dos están por allí
jugando con esas olas
divirtiéndose así.

Las olas ahora vienen
y después ellas se van
la foca y la gaviota
juegan, juegan sin parar.

AMOR

4. EL PELÍCANO Y LA GAVIOTA

Al mar se ha acercado
pretendía merendar
el sol se estaba marchando
pero aún puede pescar.

Luego cuando el sol se vaya
no habrá luz en el lugar
y los peces, aunque halla
no los verá en el mar.

Así estaba pensando
la gaviota al llegar
pero algo se ha encontrado
que no le va a gustar.

Un pelícano en el sitio
por allí está volando
y la gaviota piensa
que estaría pescando.

"Seguro se come todo
y me tendré que quedar
sin un solo pescadito
pues no lo podré pescar"

Pero como es ingeniosa
piensa en cómo engañar
al pelícano ese grande
y se comienza a cercar.

Riendo la gaviota
volando se acercaba
el pelícano la escucha
y enseguida preguntaba.

—¿De qué ríes gaviota?
Ella de frente miraba
pero seguía riendo
y nada le contestaba.

Así se pasan un rato
él ya estaba mosqueado
y le pregunta de nuevo
y ella se ha callado.

—Que de qué me río dices
pues porque no te has fijado.
—¿De qué? —pregunta el otro
y ella le ha contestado.

—Pues que estas aquí pescando
y ni cuenta te has dado
que todos los pececillos
de aquí se han marchado.

—¿Pero qué estás diciendo?
—el pelícano decía.
—Sí, mira allí a lo lejos
—y ella lo señalaría.

»Todos los peces se van
se está acabando el día
siguiendo al sol se marchan
—y ella mucho se reía.

El pelícano la mira
y no entendía nada
comprueba que no hay pescado
y volando se marchaba.

Ella se queda riendo
otra vez le ha engañado
mientras le entretenía
ha regresado el pescado.

Ella que conoce el sitio
ya lo tenía observado
cuando se marcha el sol
llega allí todo el pescado.

Es la salida del río
y todos los peces listos
saben que hay comida
y por allí los ha visto.

Y comiendo tan a gusto
por fin ella merendó
así se quita el hambre
y luego de allí se marchó.

AMOR

5. LA PEQUEÑA GOLONDRINA

Volando con mucha prisa
una golondrina un día
se encontró una sorpresa
a alguien que conocía.

—Hola amiga, ¿a dónde vas?
—la golondrina decía.
La gaviota la ve
y no la reconocía.

—¿Acaso me dice a mí?
Eso estaba escuchando
pues no la reconoció
y se marchaba volando.

—¿Amiga no me recuerdas?
—enseguida preguntaba.
La gaviota se fija
y así la contestaba.

—Te has quedado pequeña
ahora que me he fijado
creía que habrías crecido
allí donde has estado.

—Pequeña siempre he sido
y no voy a crecer más
pero ¿qué te has creído?
—Y volando ya se va.

—Espera somos amigas
una broma te decía
no me importa si no creces
eso ya lo conocía.

La pequeña golondrina
un poco está pensando
que no se debe enfadar
y regresaba volando.

—Mira sigamos amigas
que eso es lo importante
una grande otra chica
y vaya más adelante.

Y las dos al mismo tiempo
se han puesto a volar
las dos van siguiendo el ritmo
y no pierden el compás.

La gaviota riendo
a su amiga comentaba
—Me gusta volar contigo.
—También —la otra contestaba.

AMOR

6. DOÑA GAVIOTA Y SU AMIGA

Tranquilamente volando
una gaviota estaba
cuando a lo lejos oyó
algo y allí miraba.

Un pajarito en su nido
chillando así decía
—Doña Gaviota ven.
Y muy triste parecía.

Ella se acerca enseguida
y al llegar comprobó
que un gran problema tenía
el que antes la llamó.

Una patita enganchada
no la podía soltar
en una rama que había
que movió la tempestad.

Un fuerte viento soplando
el nido había movido
y el pajarito que estaba
se había sentido cogido.

Prisionero se encontraba
no se podía mover
y por más que lo intentaba
sujeto estaba él.

Cuando mirando la vio
como pasaba volando
y por eso la llamó
se estaba desesperando.

—Doña Gaviota —dijo—,
si me puedes ayudar
estoy aquí atrapado
y no me puedo soltar.

Le contó lo que ha pasado
el viento cómo sopló
el susto que se ha llevado
y su casa le enseñó.

La gaviota pensando
un ratito se ha quedado
luego se acerca allí
y rápido le ha ayudado.

Como es muy ingeniosa
la ramita ha quitado
y así de esa manera
al pequeño ha liberado.

—Doña Gaviota gracias
—él la estaba diciendo—,
siempre lo recordaré.
Y se marchaba corriendo.

—Si quieres somos amigas
—ella le ha contestado
y viendo cómo volaba
riendo se ha quedado.

Doña Gaviota piensa
que ya un nombre tenía
que le empieza a gustar
y con él se quedaría.

Y cuando va a la playa
por la tarde a descansar
se lo cuenta a las otras
que riendo la dirán.

—Pues el nombre es bonito
también nosotras queremos
llamarnos de esa manera
pues todas nos parecemos.

Y así desde ese día
todos las llaman así
doña Gaviota, doña Gaviota
y a ellas le hace reír.

Si tú ves una en la playa
también la puedes llamar
doña Gaviota linda
que a ella le va a gustar.

AMOR

7. EL PECECILLO VOLADOR

En el mar iba nadando
como todos los demás
pero era muy curioso
y se pone a observar.

Una gaviota había
volando por el lugar
el pececillo la ve
él también quiere volar.

Intentándolo estaba
pero nada, no salía
el pez se desesperaba
y un amigo le decía.

—¿Pero qué estás haciendo?
—Es que yo quiero volar
—ha contestado corriendo
y lo vuelve a intentar.

El amigo que miraba
le dice al pececillo
que por qué no preguntaba
que sería más sencillo.

—¿Preguntar a quién? —pregunta.
El amigo le indicó
—A la gaviota aquella
—Y hacia el cielo miró.

Pensativo el pececillo
un ratito se ha quedado
no parece muy sencillo
pero así lo ha intentado.

Ha sacado la cabeza
pues la pretendía hablar
ve como ella se acerca
y la va a preguntar.

Pero algo muy extraño
el pececillo veía
viene con velocidad
y asustado se metía.

"Esta pretende comerme"
así él está pensando
y no se equivocaba
se va al fondo volando.

Bueno volando, volando
así él no lo hacía
solo nadaba deprisa
y así se salvaría.

Y desde ese momento
ya no quiso salir más
allí se encuentra seguro
está en el fondo del mar.

AMOR

8. LAS HORMIGAS DE LA PLAYA

Una mañana temprano
una gaviota estaba
jugando con la arena
cuando en algo se fijaba.

Como era muy curiosa
enseguida se acercó
a aquello que miraba
y hormiguitas descubrió.

Nunca en toda su vida
ha visto nada igual
les pregunta enseguida
si van con ella a volar.

Riéndose las hormigas
todas ellas le decían
—¿Volar?, nunca lo hemos hecho.
Y en la arena se metían.

—Esperar, ¿a dónde vais?
—la curiosa gaviota
les estaba preguntando
pero ya estaba sola.

"¿A dónde se habrán metido?"
no las podía encontrar
no hay ninguna de aquellas
y quiere con ellas hablar.

Ha pasado mucho tiempo
y estaba aburrida
las hormigas no estaban
y ella quería comida.

A volar iba a echarse
cuando de pronto escuchó
—¿Por qué no nos has seguido?
Y ella a la arena miró.

Eran todas las hormigas
que de pronto han salido
estarían escondidas
pero allí han venido.

Sorprendida la gaviota
enseguida preguntaba
—¿A dónde os habíais ido?
—A la arena contentaban.

—Pero si no os veía
aunque mucho he buscado.
Las hormigas se reían
y así la han contestado.

—Tú querías que voláramos
no lo sabemos hacer
pero bien nos escondimos
y no nos podías ver.

A reír la gaviota
enseguida se ha echado
y le dice a las hormigas
—¡Qué broma me habéis gastado!

Y todas ellas contentas
en la arena están riendo
la gaviota con ellas
pues ya amigas están siendo.

AMOR

9. LAS GAVIOTAS ASUSTADAS

El trueno allí a lo lejos
un día se escuchaba
oscuro estaba el cielo
olía a tierra mojada.

Las gaviotas volando
rápidamente pasaron
se las oía piando
de pronto todas callaron.

Cambiaron de dirección
parecían despistadas
algo debía pasar
pues volaban alocadas.

El rayo cruzó el cielo
con su luz iluminó
esas nubes tan oscuras
un gran zumbido se oyó.

Las miro, siguen volando
y no saben dónde ir
en círculos
ahora marchan o vienen rápido aquí.

Algo pienso está pasando
que las tiene asustadas
no es normal que así se muevan
las veo desorientadas.

De pronto una gaviota
a mi terraza llegó
—¡Por favor ayúdanos!
Al momento se escuchó.

No me dio tiempo a pensar
Pero —Sí —la dije allí
Empezaron a llegar
todas estaban aquí.

Se posaron en el suelo
de mi terraza ese día
Y quietitas se quedaron
mientras yo me sorprendía.

Al instante, en un segundo
un diluvio allí cayó
llovía, cómo llovía
nunca lo había visto yo.

Las gaviotas tranquilas
protegidas allí estaban
en mi terraza posadas
la tormenta descargaba.

Mientras estaba mirando
una gaviota grande
se me acercó allí andando
y se puso allí delante.

—¿Por qué estas sorprendida
y pareces extrañada
nunca has visto en tu vida
que alguien te necesitara?

Yo no salía de mi asombro
pero allí la contesté
—¿Acaso no es muy raro
lo que acabáis de hacer?

—Tú que nos has acogido
algo te quiero decir
la vida tiene sorpresas
y una te va dar a ti.

»Tu destino está muy lejos
hasta allí te marcharás
y allí serás feliz
mucho tiempo vivirás.

La tormenta había pasado
y todas de allí partieron
el tiempo ha transcurrido
sus palabras se cumplieron.

AMOR

10. GAVIOTAS EN LA PLAYA

En la playa una mañana
aún no ha salido el sol
un montón de gaviotas
se pasean con primor.

La arena está lisita
y sus huellas van dejando
esas que sus tres patitas
con gracia van dibujando.

Se acercan a la orilla
y ven el agua llegar
esa ola con espuma
que les viene a mojar.

Deprisa se quitan ellas
han echado a volar
se dan una vueltecita
y se vuelven a posar.

Una paloma miraba
atenta con atención
las gaviotas volaban
una a su lado llegó.

—Ven con nosotras allí
a volar sobre las olas
te vas así a divertir
no te sentirás tan sola.

La palomita muy triste
la dijo que no volaba
que tenía una alita
que mucho la molestaba.

—Eso te lo arreglo yo
—la contestó enseguida
y la dio un picotazo
y voló para arriba.

—¿Ves cómo puedes volar?
eso lo sabía yo
sólo tenías que querer
y eso te ayudó.

—¿Qué te había hecho yo
para que tú me picarás?"
—la paloma preguntó
mientras movía las alas.

La solución fue sencilla
el dolor del picotazo
hizo que se olvidara
del que tenía en el brazo.

Y volaba, y volaba
extrañada por allí
muy a gusto ella estaba
volando cuando la vi.

Las gaviotas reían
de la otra la ocurrencia
una a otra decía
—Ha sido buena la ciencia.

»Que con un dolor se quita
otro que antes tenías
y así se pasan las penas
y vienen las alegrías.

AMOR

11. LAS GAVIOTAS AVISAN

El agua estaba brava
y muchas olas había
toda la playa inundada
catástrofe parecía.

Las gaviotas volando
formas extrañas hacían
un grupo grande de ellas
sobre la playa ese día.

"Me gustaría saber
por qué se mueven así"
pensaba mientras miraba
cuando esto oí decir.

—Sabemos que nos escuchas
y te queremos decir
que la tormenta se acerca
todos tenéis que partir.

»Que subáis a la montaña
allí lejos de la mar
que ésta nunca engaña
y se va mucho a enfadar.

»Las riveras de los ríos
y las orillas del mar
dejad los sitios vacíos
pues pronto se inundarán.

Sorprendida escuchaba
no me lo podía creer
las gaviotas hablaban
lo daban a conocer.

Problemas que según ellas
pronto nos acuciarán
y si no hacemos caso
mucho dolor causarán.

Siempre a la naturaleza
muy atentos hay que estar
así no habrá sorpresas
pues siempre avisará.

Ese problema seguro
aquí un día pasará
por eso ellas avisan
y tiempo aún habrá.

Para tomar decisiones
que no nos creen problemas
busquemos las soluciones
ahorraremos muchas penas.

Las gaviotas ayudan
las tenemos que atender
cuando nos indican algo
es mejor obedecer.

Nos dicen lo necesario
y se hacen entender
estemos siempre atentos
para los avisos ver.

Ellas nos indicarán
en el momento preciso
seguro que avisarán
muy claro y muy conciso.

Pero hay que escucharlo
así daño no hará
la naturaleza un día
seguro que cambiará.

AMOR

12. LA GAVIOTA CHIQUITA

Con atención yo miraba
una mañana oscura
esa agua que llegaba
y me entraba una duda.

"El sol hoy seguramente
a su cita no vendrá
todo el cielo con nubes
sé que se lo impedirán".

Así estaba pensando
cuando en la arena la vi
la gaviota chiquita
picoteaba allí.

—Dime, dime gaviota
¿por qué te gusta volar?
¿no estas mejor en la tierra
donde se puede andar?

La gaviota extrañada
ante tan rara cuestión
me miró sin decir nada
y el vuelo emprendió.

Una vuelta sobre el mar
vi que ella allí daba
y volvía al lugar
la tierra picoteaba.

—Es gracioso gaviota
lo que acabas de hacer
te has dado una vuelta
y regresado otra vez.

La gaviota se acerca
aquí junto a mis pies
la veo aquí muy quieta
y en la arena me senté.

Se me puso en las rodillas
sorprendida me quedé
en silencio nos miramos,
y esto pasó después.

Estoy volando en el cielo
estoy surcando el mar
estoy en un largo vuelo
y no dejo de volar.

Tierras extrañas recorro
barcos veo al pasar
acantilado precioso
y no dejo de volar.

Ahora me he parado
mucha nieve alrededor
en unas rocas subidos
unos osos veo yo.

Tan blancos como la nieve
allí se les ve mover
la gaviota les mira
y vuelve el vuelo a emprender.

De regreso hemos venido
rápido aquí llegué
en la arena de la playa
de pronto yo me encontré.

No ha podido ser un sueño
pues yo nunca me dormí
y sigo aquí sentada
pero todo fue así.

La gaviota chiquita
su vida me enseñó
cómo recorre el mundo
y todo lo que ella vio.

No sé cómo ella ha hecho
para dejármelo ver
y lo que yo aquí te cuento
te puede a ti suceder.

Si te acercas a la playa
y una gaviota ves
entretente en hablarla
y tú espera después.

AMOR

13. LA MOSQUITA ABURRIDA

Una mosquita aburrida
en una hoja posada
se entretenía mirando
cómo el viento soplaba.

En ese instante preciso
la hojita que se movió
y la mosca que miraba
un gran susto allí se dio.

Salió de prisa volando
para ver lo que pasaba
nada vio por el entorno
sólo el viento soplaba.

Se dejó acariciar
por la corriente que había
y así se trasportaba
y trabajo no tenía.

Pero cuando fue a parar
no sabía dónde estaba
en una playa vacía
en la arena se posaba.

Algo muy grande la vino
al momento a picar
ella tomó el camino
y se puso a volar.

Pero lo grande volaba
no dejaba de seguirla
no se podía parar
venga y venga perseguirla.

La mosca ya muy cansada
la dijo —Espera un momento
que descanse un poquito
luego seguimos corriendo.

La gaviota extrañada
—¡Anda!, si sabes hablar
como no me has dicho nada
yo te quería picar.

—Pero si no te he hecho nada
sólo en la arena estaba
y vienes tú a picarme
por eso no te dejaba.

—Mira es que estoy hambrienta
y la arena solitaria
está ahora en invierno
y eso me da mucha rabia.

»Ahora no vienen los niños
que jugando por aquí
se comen un bocadillo
y miguitas tiran sí.

»Luego yo paso volando
y me las puedo comer
eso sí que es divertido
lo tendrías tú que ver.

La mosquita que escuchaba
dijo —Eso te lo arreglo yo
si me llevas a un sitio
podremos comer las dos.

La gaviota a la mosca
en un ala transportó
la mosca iba guiando
cuando dijo se paró.

Era en un patio muy bonito
y muchos niños había
que al ver a la gaviota
se armó gran algarabía.

Todos querían tocarla
ella asustada estaba
le decía a la mosca
—Aquí de comer no hay nada.

La mosca con gran paciencia
un lugar le indicó
una ventana en el fondo
y hacia allí se dirigió.

Los manjares que había
nunca los pudo soñar
mucha comida tenía
un lugar para explorar.

Por la ventana al momento
las dos se introdujeron
allí había alimentos
¿cuál comerían primero?

Hasta pescados había
muy quietecitos allí
por esos empezaría
y sería muy feliz.

¡Zas!, un gran golpe
en la cabeza sintió
alguien que había entrado
y allí la descubrió.

Ligera tomó el vuelo
por la ventana salió
se fue del lugar corriendo
y nunca más se la vio.

La mosca se había quedado
en un rinconcito quieta
"¿Por qué se habrá marchado?"
se pregunta muy inquieta.

Pero al rato más tranquila
un banquete que se dio
buena comida que había
allí ella la comió.

AMOR

14. EL MURCIÉLAGO DIURNO

En una cueva profunda
era donde él vivía
todos dormían allí
mientras fuera era de día.

La luz nunca les gustaba
por eso dentro de allí
todos muy quietos estaban
si el sol lucía aquí.

Pero un día nació
uno que era distinto
a él la luz le gustó
y eso pronto lo ha visto.

Desde dentro de la cueva
volando él se salió
todos estaban durmiendo
pero él se despertó.

Volando muy en silencio
no les quería molestar
se sale de la montaña
donde la cueva está.

El paisaje que divisa
nunca lo pudo soñar
con alegría infinita
se pone él a volar.

Allí árboles muy altos
y muy lejos ve el mar
los reflejos que le llegan
los tendrá que investigar.

Volando con impaciencia
sobre el mar él llegó
y cuando estaba mirando
algo raro descubrió.

Sobre las aguas nadando
unos delfines había
él se acercó a ellos
pues jugar también quería.

—¿Puedo estar con vosotros?
lo estáis pasando bien
yo quisiera divertirme
y jugar ahí también.

Los delfines que le escuchan
se ponen allí a reír
—¿Pero tú no te has mirado?
no te puedes sumergir.

Él no entiende el qué
porqué le hablan así
pues sólo quiere jugar
y les vuelve a decir.

—Sólo no quiero estar
con vosotros quiero ir
nadando por ese mar
yo me quiero divertir.

Una gaviota pasa
volando en ese instante
y viendo lo que le pasa
se para allí delante.

—Murciélago, ¿Te has perdido?
este no es tu lugar
desde lejos has venido
durmiendo tienes que estar.

Él que la ha escuchado
muy pronto la respondió
—Sé que soy de otro lado
pero a mí me gusta el sol.

Todos están extrañados
nunca han visto nada igual
un murciélago diurno
que le gustaría jugar.

La mamá delfín le dice
—A casa tienes que ir
si tu mamá se despierta
se preocupará por ti.

A la gaviota entonces
algo se le ocurrió
—Vente conmigo deprisa
y jugaremos los dos.

El murciélago chiquito
volando que la siguió
jugando allí en el cielo
hasta su casa llegó.

Le dice la gaviota
—Pronto, pasa con cuidado
no despiertes a los otros
y colócate a su lado.

—Adiós amiga, otro día
saldré contigo a jugar
cuando el sol esté luciendo
allí arriba en su lugar.

Y se metió con cuidado
no les fuera a despertar
muy dentro de aquella cueva
que hay en aquel lugar.

Allí se queda muy quieto
nadie sabe que salió
y cuando la noche llega
con los demás que voló.

AMOR

15. UNA FOCA Y UN PINGÜINO

Tomando el sol se encontraban
en unas peñas subidos
y de esto ellos hablaban
y alguien les ha oído.

—Qué día más estupendo
que a gusto se está aquí
ahora iremos corriendo
llegaré yo antes allí.

—Seguro que hoy te gano
no como pasó ayer
se me atravesó tu hermano
y me hizo a mi caer.

—Pero no tengo la culpa
así que llegué primero
no me pongas más escusas
pingüinito friolero.

—Foquita no me insultes
pingüino grande ya soy
no te pondré más escusas
pero yo ganaré hoy.

El que estaba escuchando
ya no se podía callar
tomó la palabra
y dijo —Dejadme también jugar.

Era una gaviota
que parecía dormida
estaba allí al sol
en unas peñas subida.

La foca mira de pronto
—Tú no puedes pretender
que te creamos las dos
que jugar quieras hacer.

»Seguro que volarás
y llegarás la primera
así siempre tú serás
la campeona certera.

El pingüino que escuchaba
dijo —Déjala jugar.
A la foca le extrañaba
y se puso a protestar.

La foca ya se marchaba
cuando la cosa cambió
la gaviota indicaba
—Otro juego digo yo.

—Te escuchamos atentos.
El pingüino indicó
y la foca que lo escucha
también allí se paró.

—Con mis patitas corriendo
a vuestro lado iré
os prometo muy en serio
que a volar no echaré.

—Va, eso no es divertido
pues tú siempre corres más
—le dijo aún enfadada
la foca y de allí se va.

El pingüino se ha quedado
con la gaviota está
y los dos han acordado
la carrera comenzar.

Corriendo los dos al lado
se les escucha reír
se lo están pasando bien
la foca los ve venir.

Cuando llegan a su lado
la foca les parará
—Esperadme yo también...
Y a ellos se unirá.

La explanada que está llena
la carrera observará
opiniones muy distintas
allí se escucharán.

—Hoy ganará la foquita.
—Que va, será el pingüino.
—La gaviota chiquita
llegará a su destino.

Así todos se divierten
observando la carrera
ellos muy alegremente
piensan que la meta espera.

El premio del ganador
es el haber llegado
hoy lo han hecho los tres
pues juntos vienen andando.

Lo importante es la amistad
eso han pensado ellos
y aunque querían llegar
deciden por lo más bello.

Compartir ese momento
el triunfo de la llegada
con el amigo que quieren
lo demás no importa nada.

Así llegan triunfadores
los tres al mismo momento
la meta les esperaba
y aquí se acaba el cuento.

AMOR

16. LA GAVIOTA SALTARINA

La mar estaba bravía
la gaviota saltaba
la ola no la cogía
y mucho se alegraba.

Volvía a venir de nuevo
el agua que está furiosa
la gaviota se mueve
y se marcha a otra cosa.

La mar le está llamando
pues la quiere remojar
ella se marcha volando
y no se deja atrapar.

Pero cuando se ha posado
de nuevo sobre la arena
la ola lo ha intentado
y a mojarla se empeña.

La gaviota a saltitos
del filo se ha marchado
no quiere hoy remojarse
y por eso se ha mudado.

El agua sigue rompiendo
pues hoy enfadada está
el viento que sopla fuerte
hace a la mar salpicar.

La gaviota a saltitos
recorre toda la arena
jugando está con las otras
hasta que llegue la cena.

"Pues el sol se está poniendo
será hora de pescar
algo para ir comiendo
luego irá a descansar"

Cuando estaba pensando
¡zas!, la ola la mojó
se asusta, se va volando
y mucho que se enfadó.

—Tonta, ola traicionera
que hoy muy fría estas
no me gusta tu manera
de mojarme por detrás.

La gaviota protesta
volando sobre la mar
va a buscar un pescado
pues se lo quiere cenar.

El mar que la está esperando
sus olas vienen
y van, la gaviota al vuelo
va siguiendo su compás.

Hoy no quiere remojarse
pues muy revuelta está
ese agua que a diario
en ella se mojará.

Pero el mar que esperaba
tuvo pronto la ocasión
un pescado que saltaba
la gaviota pescó.

Como el mar ya lo sabía
con el agua la mojó
ella que no le esperaba
al pronto se asustó.

Del susto abrió el pico
el pescado se soltó
y cayendo a la mar
él allí se sumergió.

La gaviota enfadada
con el mar se encaró
muy fuerte la chillaba
y esto se la escuchó.

—Yo a ti no te he hecho nada
mira el pez se me cayó
ahora tú dame otro
pues tengo que comer yo.

»Y con las olas tan fuertes
es difícil de coger
sácamelo a la orilla
porque ya quiero comer.

El mar quería de nuevo
volverla a remojar
y ella volaba alto
no se dejaba atrapar.

Mirando el horizonte
a lo lejos divisó
un pesquero que venía
volando se le acercó.

Siempre cuando están pescando
a su lado las verás
las gaviotas volando
de su pesca comerán.

El mar seguía furiosa
y grandes olas había
la gaviota avisa
que hoy no es bueno el día.

El pescador ha entendido
el mensaje que le da
y cuidado ha tenido
ha acabado de pescar.

Vuelve al puerto ligero
pues el sol no se ve ya
y la tormenta aumenta
se formará tempestad.

La gaviota en cubierta
ahora mismo se ha posado
el marinero la observa
y un pescado le ha dado.

Ya ha cenado tranquila
ahora les ayudará
les indica el camino
por donde podrán pasar.

Ella conoce bien todo
sabe que aumentará
el peligro si el barco
sigue allí en la mar.

El marinero atento
sigue su indicación
por donde no sopla el viento
la gaviota indicó.

Ese es lugar seguro
y piedras no encontrarán
siguen a la gaviota
que conoce bien el mar.

Ella siempre colabora
cuando los ve en apuros
la mar cuando está furiosa
hace el trabajo muy duro.

Volando cerca del mástil
así a puerto llegarán
el pesquero está a salvo,
y ella se marchará.

Así contenta y piando
a saltitos se marchó
pues ya es de noche oscura
a dormir se retiró.

Pero si vas a la playa
seguro que la verás
allí saltando tranquila
y jugando con el mar.

Por qué las dos son amigas
y se lo pasan muy bien
en invierno o en verano
y en primavera también.

AMOR

17. EL CANGREJO Y LA GAVIOTA

Frente al mar una mañana
sentada estaba yo
el sol estaba saliendo
y un rayito le alumbró.

Un cangrejito pequeño
se había quedado dormido
de entre las rocas salía
largo era el recorrido.

Su pasito era gracioso
sobre la arena corría
al agua iba derecho
mientras clareaba el día.

De pronto algo la pasa
pues quietecito quedó
en la playa solitaria
y muy curioso miró.

La pequeña gaviota
en la arena se ha posado
pues ha visto al cangrejo
y se ha parado a su lado.

Le mira muy fijamente
y le va a picotear
el cangrejito chiquito
se la pone a chillar.

—¿Qué vas a hacer gaviota?
yo a ti no te he hecho nada
sigue volando tranquila
—el cangrejo la gritaba.

La gaviota el grito
del pequeño la asustó
y al instante seguido
volando ella marchó.

Cuando estaba en el aire
en la arena se fijó
vio un punto muy pequeño
y otra vez se acercó.

Sus patas posa en la arena
al lado del cangrejito
y le dice muy contenta
—Ya tengo un amiguito.

»Antes yo volaba sola
y no podía hablar
pues la playa está vacía
no tengo con quien charlar.

El cangrejo que escuchaba
lo que ella le decía
pronto la interrumpió
—Me voy que ya viene el día.

»Y cuando el sol aparece
yo me tengo que marchar
pues su calor me hace daño
y hasta me puede matar.

Corriendo por la arena
el cangrejito se iba
la gaviota a su lado
con pasitos le seguía.

—Mañana te esperaré
y hablaremos un poquito
—le dice la gaviota
al pequeño cangrejito.

—Si tú vienes por aquí
antes de que salga el sol
podremos jugar un rato
—de pronto él la indicó.

La gaviota contenta
corriendo le dijo —Sí
antes de que salga el sol
yo te esperaré a ti.

AMOR

18. LA GAVIOTA GRIS

Era por la primavera
cuando a la playa llegué
un día muy tempranito
y allí me la encontré.

Posada sobre la arena
muy solita ella estaba
miré por el rededor
nadie más se encontraba.

Mi fui acercando al agua
iba a mojarme los pies
a esa hora mañanera
gran delicia eso es.

Ella estaba muy quieta
allí posada en la arena
parecía dormidita
tan sola, me daba pena.

De pronto oigo decirme
—El agua está muy fría.
me vuelvo no veo a nadie
pero alguien me advertía.

Miro por toda la playa
y nadie me encontré
sigo andando despacio
—No digas que no te avisé.

Eso allí he escuchado
no me lo puedo creer
la gaviota a mi lado
llega después de correr.

Junto a mis pies está
seguro que me ha hablado
pues la playa está vacía
otra vez he contemplado.

—¿Gaviota has sido tú
la que a mí me has hablado?
—la pregunto de repente
y así me ha contestado.

—Si no ves a nadie aquí
y algo has escuchado
¿por qué me preguntas eso?
ya sabes que te he hablado.

Perpleja me deja el hecho
de que me conteste así
no me podía esperar
que eso fuera a ocurrir.

Una gaviota chica
esa que ese día vi
allí estaba a mis pies,
y me hablaba a mí.

Luego despacio me dice
si la quiero acompañar
que está muy aburrida
que algo me puede contar.

Hacia unas piedras vamos
yo me siento por allí
ella empieza a contarme
la vida que lleva aquí.

En ésta playa nació
y no se quiere marchar
aunque el agua esté muy fría
aquí se quiere quedar.

Otras que aquí vivían
volando se fueron ya
pero ella no quería
por eso muy sola está.

Yo la digo que a diario
la vendré a visitar
así cumplo mi promesa
hasta que he de marchar.

El invierno se acerca
y yo me tengo que ir
la gaviota muy triste
se queda sola allí.

Cuando me despido de ella
y me dispongo a marchar
veo que vienen volando
gaviotas a quedar.

Así no estará sola
y se lo voy a decir
volando sobre las olas
veo a muchas venir.

Sobrevolando la playa
las gaviotas están
parece les ha gustado
y en tierra se posarán.

Mi amiga la gaviota
ya nunca sola está
pues muchas a ésta playa
se han venido a posar.

Yo me marcho así contenta
un día volveré aquí
donde una gaviota
sé que hoy está feliz.

Seguro que no olvida
el día que me encontró
caminando por la arena
y del agua me avisó.

Fue una amistad bonita
que un tiempo allí duró
en una playa preciosa
donde nunca falta el sol.

AMOR

19. LAS GAVIOTAS TRANQUILAS

Al lado del mar estaban
paseando por la arena
por allí picoteaban
y nunca tenían pena.

Una carrera echaban
llegaban hasta la mar
allí cerca se paraban
se volvían para atrás.

Con el pico en el agua
trataban de encontrar
algún alga que flotara
y poderla atrapar.

Así se pasan los días
siempre cuando hace sol
tranquilas en esta playa
y verlas es un primor.

Las ruinas de la muralla
les sirve de protección
los días que está lloviendo
y en la playa no hay sol.

En lo alto de la almena
se ha venido a posar
una gaviota triste
ya cansada de volar.

Le duele una patita
con una piedra se dio
se queda muy quietecita
y se le quita el dolor.

Ha emprendido el vuelo
da una vuelta sobre el mar
surca las olas volando
y se vuelve a parar.

Desde lo alto de allí
todo el paisaje ve
ella estudia las olas
y vuelve a volar después.

Se para, sigue volando
y se pone otra vez
a volar sobre las olas
y regresará después.

Ahora sobre la arena
paseándose está
tranquila como las otras
y al mar se acercará.

Con su pico rebuscando
la comida encontrará
tranquila aquí en la arena
todita se comerá.

Las gaviotas tranquilas
se pasean por la arena
la playa está desierta
antes estaba muy llena.

Cuando vayas a la playa
ponte tranquilo a mirar
cómo allí las gaviotas
viven todas con gran paz.

Nunca se están peleando
siempre jugando están
poquito a poquito ellas
tranquilas se acercarán.

Las gaviotas pasean
con una gracia especial
con sus patitas pisando
sus huellas encontrarás.

La playa por la mañana
el aire la alisó
pero sus huellas verás
la gaviota pasó.

Señorial tiene su paso
gracia tiene al andar
poco a poco va avanzando
no tiene prisa en llegar.

Observa a la gaviota
cómo te mira a ti
te estudia muy fija
le has gustado viene aquí.

Se acerca despacito
algo te quiere decir
escucha con atención
te contará como a mí.

Un día estaba sentada
allí cerquita del mar
cómo se movía el agua
yo me paré a mirar.

La gaviota pasaba
y a mi lado se quedó
se puso allí a mi lado
y ésta historia me contó.

—Dueñas de las playas somos
en ellas vivimos todas
felices correteamos
y jugamos con las olas.

Yo la escuchaba atenta
pero mucho me extrañó
que una pequeña ave
hasta mí se acercó.

Ella no quería irse
solo hacía hablar
contarme sus mil historias
que te podría contar.

Pero mejor te lo digo
acércate tú al mar
siéntate sobre la arena
y ponte allí a esperar.

Cuando te vean tranquila
seguro se acercarán
y si escuchas atenta
mil historias contarán.

AMOR

20. LAS MAREAS DE LAS RÍAS

Por la ría va bajando
el agua con la marea
al lado lo está observando
como toda se menea.

Dos gaviotas volando
se acercan a la arena
el agua está llegando
el agujero se llena.

Mira a la gaviota
se ha puesto a navegar
la corriente se la lleva
pronto llegará al mar.

La ría se está llenando
es su hora de subir
el sol que se está quitando
trae el agua hasta aquí.

Todos los días lo mismo
de agua se llenará
éste lugar tan bonito
y luego se marchará.

Seis horas está subiendo
y todo se llenará
luego seis horas bajando
de agua se vaciará.

Es la vida de la ría
que el agua la llenará
y cuando llegue arriba
otra vez se bajará.

El sol que se está poniendo
alumbra el agua que va
las gaviotas volando
ven todo el agua llegar.

Ellas contemplan tranquilas
el movimiento del mar
ahora sube por la ría
luego volverá a bajar.

Las gaviotas navegan
sobre el agua del mar
se dejan mecer por ella
y el sol las alumbrará.

Se está poniendo la tarde
ya pronto oscurecerá
las gaviotas mirando
del sol se despedirán.

Alumbra muy dulcemente
en el horizonte está
despidiendo ya el día
y mañana volverá.

Por el sitio que se ha ido
mañana también se irá
pero a la salida él
por otro sitio vendrá.

Todos los días lo mismo
éste sol alumbrará
las gaviotas le esperan
saben que el sol vendrá.

Poquito a poquito él
va dejando de lucir
la luna que le despide
ha acabado de salir.

La noche está cayendo
el frío aparecerá
el agua que está viniendo
por aquí refrescará.

Las gaviotas a diario
en el agua picotean
buscando el alimento
jugando con las mareas.

Esas que suben el agua
y luego la bajarán
es su trabajo diario
con tesón comprobarán.

Las mareas de la ría
suben después bajarán
lo hacen todos los días
y nunca se pararán.

Las gaviotas allí
contemplan el movimiento
de ese agua al subir
cómo lo hacen tan lento.

Poco a poco va subiendo
todo el extenso lugar
el agua lo va cubriendo
y lo llega a inundar.

Después poco a poco él
el agua se marchará
dejando todo vacío
y así se terminará.

AMOR

21. LA GAVIOTA PENSATIVA

Una mañana temprano
cuando está saliendo el sol
la playa aún vacía
solo el mar ella encontró.

La gaviota ha llegado
por la playa paseaba
y como estaba vacía
mucho a ella le intrigaba.

Pensaba que por qué a veces
toda la arena estaba
llenita de gente extraña
que por allí se tumbaba.

No entendía el motivo
ni sabía la razón
de que alguien en la arena
se tumbará tanto al sol.

El sol ahora estaba
saliendo en la lejanía
poco a poco se acercaba
y ella más pensaría.

"Este sol que está viniendo
y que calorcito da
cuando está aquí cerca
no se le puede aguantar.

¿Por qué habrá tanta gente
que se tumba por doquier
a tostarse lentamente
y no le temen a él?"

Pensando se paseaba
por la arena de la playa
y llegando hasta la orilla
al agua se acercaba.

—Agua quiero preguntarte
algo que yo no lo sé
¿por qué la gente se tumba
y se remoja después?

El agua que la ha escuchado
la dice —Algo será
aunque no lo entendamos
y mucho les gustará.

»Porque yo he visitado
la tierra por muchos lados
y en todos he encontrado
lo que hacen los humanos.

»Se acercan a la orilla
en ella meten los pies
y luego allí se tumban
y nunca supe por qué.

»Se pasan así el tiempo
se vuelven a levantar
se remojan un poquito
y se vuelven a tumbar.

La gaviota escuchaba
y pensativa quedó
la explicación le gustaba
pero no la convenció.

"Le preguntaré a alguien
que me diga la razón
de por qué el que aquí viene
siempre se tumba al sol".

Estaba así pensando
cuando un hombre llegó
corriendo sobre la arena
y ella se le acercó.

—¿Por qué corres por la playa?
—enseguida preguntó.
El que venía corriendo
ni siquiera la escuchó.

Siguió corriendo y corriendo
ni siquiera se paró
para poderle decir
lo que ella preguntó.

Y es que no la entendía
no sabía que hablaba
la gaviota así
con la duda se quedaba.

"¿Por qué se acercan tantos
a la arena de la playa
a tumbarse en la arena
donde el sol tanto daña?"

AMOR

22. LA GAVIOTA Y LOS CANGREJOS

Las estrellas en el cielo
brillando aún están
la brisa sopla muy suave
y muy a gusto se está.

La noche se está acabando
y pronto el sol vendrá
la gaviota piando
se acaba de despertar.

Pasa volando muy bajo
pía y pía sin cesar
así despierta a todos
los que en la playa están.

Cangrejos por todas partes
han empezado a salir
ligeros van por la arena
se tienen que sumergir.

En esa ola lejana
que tienen que alcanzar
antes de que el sol salga
pues les podría matar.

El sol calienta muy fuerte
y su piel les secará
por eso antes que venga
ellos al agua se irán.

La gaviota avisa
de que ya amaneció
y se tienen que dar prisa
eso ella les pio.

Los cangrejos que la escuchan
una carrera darán
para llegar hasta el agua
la arena atravesarán.

La gaviota vigila
que ninguno quede atrás
—Correr más ligero
—dice con su intenso piar.

Los cangrejos con sus patas
la arena pisarán
así poco a poco ellos
a la ola llegarán.

Esa ola que no espera
y que pronto marchará
si no cogen la primera
la segunda cogerán.

Pero el sol ya se acerca
él mucha prisa se da
la gaviota avisa
—El sol está aquí ya.

Los cangrejos que escuchan
al agua ya han llegado
y se despiden corriendo
hoy también se han salvado.

La gaviota tranquila
al agua los ve llegar
emprende ella el vuelo
allí encima del mar.

Ve cómo poco a poco
nadando se marcharán
hasta el fondo muy hondo
donde el día pasarán.

Mañana por la mañana
también los despertará
y ellos poquito a poco
hasta el agua llegarán.

Tranquilos duermen de noche
pues muy seguros están
de que una gaviota
les vendrá a despertar.

Y ellos pasito a paso
hasta el agua llegarán
donde no les da el sol
donde tienen su hogar.

AMOR

23. UNA GAVIOTA DORMILONA

Acurrucada en la playa
todos los días está
el sol luce en lo alto
aun dormida seguirá.

Dormilona así la llaman
en la playa las demás
nunca vio salir el sol
no le gusta madrugar.

Estando acurrucada
un niño se le acercó
con cuidado la ha tocado
rápido se despertó.

A volar sale corriendo
el niño se asustó
se ha puesto a llorar
pues del susto se cayó.

La gaviota le ha visto
vuelve al lugar otra vez
se pone al lado del niño
se deja tocar por él.

Ha dejado de llorar
la gaviota está allí
eso le gusta al niño
ahora él ríe feliz.

La gaviota está quieta
no se atreve a mover
no quiere que ese niño
llore de nuevo otra vez.

Como estaba tan quieta
al ratito se durmió
el niño que la ha visto
despacito se marchó.

Allí está acurrucada
dormidita en la arena
no le importa la hora
ella a gusto se queda.

Porque lo que más la gusta
siempre a ella es dormir
tumbada allí en la arena
así se siente feliz.

AMOR

24. EL MOSQUITO Y LA GAVIOTA

Volando sobre la playa
una gaviota estaba
desierto a ésta hora
el lugar se encontraba.

No sabía qué hacer
y nada se le ocurría
nadie venía hoy a ver
cómo amanecía el día.

Emprendió de pronto el vuelo
hasta un árbol que había
lejos en el horizonte
allí ella se detenía.

Se posó en una rama
y se puso a descansar
—¿Qué le pasa a la dama
que agotada está?

Eso escuchó enseguida
se volvió a ver quién era
un mosquito allí arriba
le hablaba de esa manera.

—Hola, no te había visto
—le dijo la gaviota.
El mosquito que era listo
de esa rama se fue a otra.

—No temas, no te haré daño.
La gaviota pensó
que porque le había visto
y por eso se marchó.

El mosquito que es prudente
no se va a fiar de ella
sabe él perfectamente
que muchos se come ellas.

La gaviota insiste
—Nada te voy yo a hacer
ven aquí a jugar conmigo
que me quiero entretener.

—¿Jugar has dicho grandota?
si no lo sabes hacer
o vete a jugar con otra
que te sepa entender.

La gaviota se enfada
pues creerla no ha querido
y volando se marchaba
se va por donde ha venido.

El mosquito se ha salvado
pues no tenía ganas
ella ha desayunado
prontito por la mañana.

Cuando llegó a la playa
hacia el mar se dirigió
y metiéndose en el agua
un pescadito cogió.

Ese fue su desayuno
la tripa tenía llena
ahora no quiere comer
el mosquito no le dé pena.

Vuelve a la playa volando
en ella se posará
allí dormirá un rato
y después ya jugará.

El mosquito se ha salvado
mucho susto él pasó
esa gaviota grande
por fin de allí se marchó.

Sigue tranquilo en su árbol
allí solo quiere estar
durmiendo entre las hojas
viviendo así en paz.

AMOR

25. LA BALLENA ENFADADA

La noche es muy oscura
nada se ve en el mar
la luna hoy no salió
ha debido descansar.

Una ballena muy grande
de pronto se despertó
algo la tocó en el lomo
y mucho que se enfadó.

Nadaba a la deriva
era enorme aquel trozo
pero lo que había arriba
sólo era un esbozo.

Lo grande está debajo
en el agua sumergido
desde fuera no se ve
y siempre así ha sido.

Se desplaza lentamente
arrastrando a su paso
lo que encuentra de frente
dándole un mortal abrazo.

El iceberg que la arrastra
la ballena puede ver
sin conseguirlo se aparta
y es arrastrada por él.

Nunca ella ha encontrado
lo que aquí acaba de ver
una montaña tan grande
eso es este iceberg.

Arrastrada a la deriva
la ballena se encontraba
buscando una salida
ella deprisa pensaba.

"Las corrientes son muy fuertes
a dónde la llevarán
a lugares muy lejanos
y allí la dejarán"

Ella no quiere marcharse
se quiere quedar aquí
pero por más que lo intenta
no se puede escabullir.

El hielo de la montaña
a su piel se ha pegado
y la arrastra con fuerza
llevándola a otro lado.

La ballena enfadada
ya no sabe lo que hacer
aunque lo intenta fuerte
no se puede ni mover.

Un fuerte grito ha lanzado
ayuda así pidió
pero la noche es oscura
por allí nadie la oyó.

Sigue siendo arrastrada
y no sabe dónde va
mucho esfuerzo pone en ello
al fin se desprenderá.

Libre ya de ataduras
suelta ya puede nadar
con fuerza y con premura
lejos se va a distanciar.

El sol ya está saliendo
el día amaneció
ella seguía nadando
y de pronto se paró.

No conoce aquellas aguas
nunca estuvo por allí
unas algas la rodean
nunca ha visto nada así.

Comida en abundancia
eso sí encontrará
pero el agua caliente
mucho la extrañará.

Ella es de agua fría
donde se puede nadar
allí se pasó su vida
y quiere volver a estar.

Ha venido aquí de noche
y no se sabe orientar
nadie hay por el entorno
a quien pueda preguntar.

Tierra divisa a lo lejos
allí se acercará
para ver si alguien hay
que la pueda informar.

Cuando estaba llegando
algo malo le pasó
una ola traicionera
en la tierra la varó.

Allí está la ballena
fuera del agua se ve
está parada en la arena
y no se puede mover.

La playa está vacía
tranquila por la mañana
sólo unas gaviotas
buscan comida con gana.

Nunca ellas lo han visto
lo que hay en la arena
y se acercan a picarlo
no conocen la ballena.

Una gaviota a otra
de pronto la preguntó
—¿Se comerá esta cosa?
Y la ballena escuchó.

—No te atrevas a picarme
pero qué te habrás creído
sólo estoy en el suelo
pero no me he caído.

»Una ola traicionera
a la arena me sacó
me puso de esta manera
pero ahora me voy yo.

»Antes quisiera decirte
si me puedes ayudar
¿dónde está el Polo Norte
en que parte de este mar?".

La gaviota que escucha
atenta y con atención
dice —Nunca lo he oído
aquí siempre estuve yo.

»Muy grande es este mar,
y aquí se vive muy bien
yo no me quiero mudar
quédate tú también.

La ballena enfadada
le dice a la gaviota
—No has entendido nada.
De pronto se acerca otra.

—Muy grande tú me pareces
pero no sabes nadar
estas parada en la arena
y algo te va a pasar.

La ballena la escucha
y de pronto preguntó
—¿me puedes tú ayudar?",
y ella le contestó.

—¿Cómo si soy muy pequeña
te podría ayudar?
yo sólo vuelo un poquito
por encima de este mar.

—Yo sé que eres pequeña
pero muy lista también
busca a alguien que pueda
y yo te lo agradeceré.

La gaviota entiende
que la tiene que ayudar
pues si se queda en la arena
muy mal lo va a pasar.

Se va volando ligera
y a una casa llegó
se entra por la ventana
en la mesa se posó.

Es la casa de su amigo
de un viejo pescador
que muchas horas con él
la gaviota pasó.

Le acompaña en el barco
cuando sale a pescar
y cuando ya ha pescado
regresan a su lugar.

Comida nunca le falta
porque el viejo pescador
la alimenta muy bien,
y son amigos los dos.

Cuando entró por la ventana
el pescador entendió
que algo a ella le pasa
y enseguida él salió.

Se dirige a la playa
desde lejos divisó
a la ballena varada
media vuelta se dio.

Avisa a los compañeros
que le tienen que ayudar
la ballena es muy grande
y él sólo no podrá.

Un grupo de pescadores
corriendo van a la playa
y con maña y destreza
la arrastran hasta el agua.

Allí está la ballena
ahora puede nadar
y tranquila se aleja
pero nunca va a olvidar.

Gracias da a la gaviota
que a su lado está
animándola a que nade
y que busque su lugar.

La dice que con cuidado
siempre tiene que nadar
y no se acerque a tierra
porque se puede varar.

Ella está agradecida
y nunca olvidará
la tierra desconocida
que un día fue a encontrar.

Nadando ya con gran fuerza
a su mar se dirigió
a ese que está lejos
pero al fin lo encontró.

Y contaba a las ballenas
el día que se marchó
lugares muy lejanos,
y todo lo que la pasó.

Pero ya mucho cuidado
tuvo siempre al nadar
y nunca ya se separa
ni un poquito del lugar.

AMOR

26. LA SARDINA MAREADA

El mar estaba revuelto
olas enormes había
el día salió nublado
y el sol hoy no vendría.

Una sardinita chica
cerca estaba de la playa
el agua la revolcaba
no la deja que se valla.

Muchas vueltas le va dando
y no la deja nadar
gran mareo la va entrando
y se tiene que parar.

Mareada como estaba
no conocía el lugar
se acercaba a la playa
allí no debía estar.

Un gran peligro corría
si en el lugar se quedaba
si a la arena se salía
la vida se le acababa.

Luchando está con el mar
ni nadar ella podía
se le acerca una caballa
que de pronto la decía.

—Vente conmigo más dentro
donde peligro no halla
pues si estás aquí cerca
te sacará a la playa.

La sardinita no puede
con esas olas nadar
intenta meterse dentro
pero la vuelve a sacar.

Haciendo un gran esfuerzo
la caballa la salvó
y nadando a su lado
para dentro se la entró.

La sardinita no entiende
por qué el agua ha cambiado
muy tranquilo está siempre
pero hoy ha variado.

Le pregunta a la caballa
—¿Tú me podrías decir
por qué ha cambiado el agua?
o eso me parece a mí.

La caballa con paciencia
se dispone a responder
pero algo ha pasado
que no lo puede hacer.

Una ola traicionera
a las dos las separó
y arrastrando a la caballa
a la arena la sacó.

Allí no puede moverse
muy quietecita está
y esperando la muerte
la caballa quedará.

Viene una gaviota
y en la arena la encontró
y sin pensarlo dos veces
con su pico la cogió.

La gaviota contenta
se la dispone a comer
pero como es tan grande
allí no lo puede hacer.

Con el pico la ha cogido,
y volando sobre el mar
va a irse a un sitio
a un tranquilo lugar.

La caballa la pregunta
—¿Dónde me vas a llevar?
La gaviota ligera
rápido va a contestar.

Al hablar abre su pico
la caballa se escapó
desde el aire cae al mar
y muy dentro se metió.

Sin comida se ha quedado
la gaviota allí
mirando por todos lados
no la ha visto salir.

La caballa se ha repuesto
del susto que ella tenía
y nadando mar a dentro
está vez se salvaría.

La sardinita contenta
también está por allí
nadando con su mamá
y jugando tan feliz.

AMOR

27. LA GAVIOTA COJA

Caminando por la playa
una gaviota iba
una pata le dolía
y la tenía arriba.

Con una de las dos patas
por la playa paseaba
una gaviota coja
porque era así como estaba.

Un perro se acercó
despacio a la gaviota
y viéndola cojear
le pregunto esta cosa.

—Hola doña gaviota
muy malita se te ve
tu patita está rota
¿le puedo ayudar a usted?

La gaviota muy triste
al perrito contestó
—Me gustaría comer
pero así no puedo yo.

El perro al escucharla
al momento se marchó
y con un hueso en la boca
al ratito regresó.

La gaviota al verle
comenzó ella a reír
—¿Cómo voy a comer eso
si no lo puedo partir?

El perro muy pensativo
una solución buscó
de nuevo se fue corriendo
y con alguien regresó.

A su amo había buscado
le había hecho venir
él al ver la gaviota
al perro le dijo así.

—Bien has hecho en decirme
que algo aquí pasaba
—y ya a la gaviota
la patita le miraba.

Ella estaba quietecita
pues el perro la indicó
—Mi amo sabe de eso
pues a mí ya me pasó.

»Corriendo detrás de un gato
un gran golpe yo me di
con una piedra que había
por las prisas no la vi.

»Una patita entonces
de aquel golpe me rompí
y mi amo que es muy listo
la arregló y no sufrí.

»Tú estate quietecita
que él te lo arreglará
aunque te duela un poquito
luego se te pasará.

La gaviota escuchaba
cómo le decía el perrito
mientras el amo tocaba
con cuidado un poquito.

Siguiendo con gran cuidado
la patita colocó
pues la tenía torcida
y así se la arregló.

Desde entonces a diario
viene el perrito a jugar
con aquella gaviota
que un día vino a ayudar.

AMOR

www.ingramcontent.com/pod-product-compliance
Lightning Source LLC
LaVergne TN
LVHW011304210726
843509LV00016B/769